"最美奋斗者"品德教育系列

草原之鹰
廷·巴特尔

郑安格 / 著　赵雪辰 / 绘

海豚出版社
DOLPHIN BOOKS
CICG 中国国际传播集团

"最美奋斗者"品德教育系列

幸福源自奋斗

一个人的一生应当怎样度过？

也许这个问题对小朋友们来说还有点遥远，但是有很多人终其一生都在追寻这个问题的答案。小朋友们不妨现在就想想，这一辈子你要如何度过呢？

相信《"最美奋斗者"品德教育系列》能给小朋友们带来启发。

2019年，为隆重庆祝新中国成立七十周年，学习英雄事迹、弘扬奋斗精神、培育时代新人，中共中央宣传部等评选表彰了新中国成立以来涌现的英雄模范，授予他们"最美奋斗者"称号，并开展"最美奋斗者"学习宣传活动。

"最美奋斗者"这份沉甸甸的名单，涵盖各个历史时期在各地区、各行业、各领域中脱颖而出的先进模范，既有黄继光、邱少云、王进喜、雷锋、焦裕禄、孔繁森这些耳熟能详的名字，也有钟南山、袁隆平、黄大年、南仁东、李保国等新时代的楷模。

他们是不懈的奋斗者、开拓者，是幸福生活的创造者、守护者。他们用智慧和汗水，甚至用鲜血和生命，为国家富强、民族振兴、人民幸福书写了可歌可泣的壮丽篇章，在平凡的岗位上作出了不平凡的业绩。他们是国家的脊梁、民族的英雄、时代的楷模，值得我们永远铭记。

幸福都是奋斗出来的，只有奋斗的人生才称得上是幸福的人生。希望通过这套图书，小朋友们能感受到英雄们那种昂扬向上的奋斗精神，树立正确的世界观、人生观、价值观，在"最美奋斗者"的陪伴下扣好人生的第一粒扣子！

《"最美奋斗者"品德教育系列》编委会

2021年3月

当草叶上的露水折射出第一缕晨曦时,内蒙古锡林郭勒盟的萨如拉图雅嘎查睡醒了。

小贴士:

【嘎查】在蒙古语中是指村庄。

草原上的小动物们也睁开了眼。看！一只火红的小狐狸正欢快地跃出草丛。"咔嚓"一声，这个瞬间被一个人捕捉到了相机镜头里。

那是位中年大叔，皮肤有点黑。他正抬头望向草原和天空相接的远方。他真挚的笑容，像碧绿的草原上一朵绽放的野花。

"现在草原上的生态更好了，野生动物也越来越多了！"

他叫廷·巴特尔，是萨如拉图雅嘎查的原党支部书记。连他自己也没想到，身为开国少将廷懋的儿子，他与这片草原的缘分一结，就是一生。

时光倒流回有些遥远的1974年,那是知识青年上山下乡的年代。一个十九岁的小伙子戴着父亲的旧军帽,挥手告别了熟悉的家乡——内蒙古首府呼和浩特市,大步走进了锡林郭勒盟苍凉闭塞的草原。

那时的萨如拉图雅嘎查有多穷呢?

刚到这里的廷·巴特尔被吓了一跳:牧民们把羊皮铺上当褥子,蒙古袍脱下来就是被子,马靴当枕头,连张像样的床都没有!

这个城市来的小伙子穿上羊皮裤,身上抹上锅底灰和羊油,和当地牧民没两样。他不怕苦,不叫累,一切从头学起,而牧民就是他最好的老师。

骑马、放牧、打草、剪羊毛……凡是牧区生产需要的技能,都被他凭着干劲儿一一拿下。牧民们都夸他是个能工巧匠。

当知青返城的机会来临时,牧民们觉得第一个离开的肯定是廷·巴特尔,毕竟他的父亲是自治区的高层领导。

可出乎所有人意料,多年来,他一次次将返城的机会拱手相让。在送走最后一拨返城的"战友"后,他成了萨如拉图雅嘎查唯一的知青。

"我的事业在萨如拉图雅,我深情地热爱着这片草原。草原离不开我,我也离不开草原!"

廷·巴特尔的一片真心,换来了牧民们的信任。他不仅当上了萨如拉图雅大队队长,还和一位美丽的蒙古族姑娘组建了幸福的家庭,把根深深扎在了草原。

呼和浩特市
1000多公里

萨如拉图雅在哪儿呢?它在浑善达克沙地西北边缘,离呼和浩特市一千多公里。这里曾是一望无际的草原,大大小小的湖泊,像一颗颗美丽的珍珠点缀在"绿毯"上。

但由于过度放牧,草场生态遭到了严重破坏:草不绿了,湖泊没了,甚至沙尘暴也来了。牧民们的笑脸,也被漫天的黄沙蒙住了。

廷·巴特尔每天都在思考同一个问题：到底怎样，才能让牧民们不仅过上好日子，还能把美丽的草原还回来，留给后世的子子孙孙。

终于,他研究出一个"围栏轮牧"的办法:把草场围起来,划分成多个小草场,牛羊按照季节划区轮牧。可牧民们一听,头摇得像拨浪鼓:"牛羊会被饿死的!"

怎样才能让牧民们相信他呢?倔强的他一咬牙,背着妻子卖掉了自家辛苦养起的六十多只羊,又买回网围栏圈起三百多亩草场作为试验区。

第二年,这三百多亩草场就打下了九车草,相当于其他牧民一千亩草场的打草量。

"跟着巴特尔干,准没错!"亲眼看到了围栏轮牧的好处,牧民们纷纷有模有样地学了起来。

而他家的草场曾经是全嘎查最差的,但仅仅几年时间,青草就长了半人多高,还开出了一片花的海洋。

"六畜兴旺"是牧民的传统，但为了进一步恢复草原生态，廷·巴特尔结合多年生产实践，提出了一个"蹄腿理论"。他给牧民算了笔账："一头牛的收入顶不顶五只羊？""养一头牛省事还是养五只羊省事？""一头牛四条腿，五只羊二十只蹄子，哪个对草场破坏大？"

他不仅带头把自家养的羊全部卖掉改养肉牛,还挨家挨户到牧民家里做工作:减羊增牛。这样既能鼓了腰包,又能美了家园,何乐而不为呢?

看着一片蓝天下的两种结果,牧民们心服口服,和巴特尔一起踏上了这条通向绿色与幸福的道路。

如今的萨如拉图雅嘎查不仅天更蓝了,水更清了,草更绿了,而且还修了路、通了电,家家户户用上了干净的自来水。

一栋栋砖瓦房拔地而起,一辆辆小汽车驶上马路。

廷·巴特尔带领八十三户牧民,用三十多年的奋斗,使萨如拉图雅嘎查成为了远近闻名的生态村和富裕村。

他笑了。他说：“牧民是草原的儿子，希望这个地区，祖祖辈辈能生存。这个草原，世世代代是绿色的。”

你知道吗,"巴特尔"在蒙古语里意为"英雄","萨如拉图雅"译成汉语,有个很美的名字——明亮的霞光。

他就像一只鹰,展翅翱翔于那片名为"明亮的霞光"的草原之上,用满腔热血,在他心中的绿色家园永恒守望。